A partilha do sensível

Estética e política

Jacques Rancière

A partilha do sensível

Estética e política

Tradução de Mônica Costa Netto

editora■34

EXO experimental org.
Edifício Copan Av. Ipiranga, 200 B 2409 Centro CEP 01046-010
São Paulo - SP Brasil Tel/Fax (11) 3237-4615 www.exo.org.br

Editora 34 Ltda.
Rua Hungria, 592 Jardim Europa CEP 01455-000
São Paulo - SP Brasil Tel/Fax (11) 3811-6777 www.editora34.com.br

Copyright © EXO experimental org./Editora 34 Ltda. (edição brasileira), 2005
Le partage du sensible © La Fabrique Éditions, 2000

Esta edição foi realizada com o apoio do Ministério das Relações Exteriores da França
Cette édition a eté réalisée avec l'appui du Ministère des Affaires Étrangères de France

A fotocópia de qualquer folha deste livro é ilegal e configura uma
apropriação indevida dos direitos intelectuais e patrimoniais do autor.

Edição conforme o Acordo Ortográfico da Língua Portuguesa.

Capa, projeto gráfico e editoração eletrônica:
Bracher & Malta Produção Gráfica

Revisão:
Ricardo Lísias, Alberto Martins

1ª Edição - 2005, 2ª Edição - 2009 (6ª Reimpressão - 2023)

CIP - Brasil. Catalogação-na-Fonte
(Sindicato Nacional dos Editores de Livros, RJ, Brasil)

	Rancière, Jacques
R152p	A partilha do sensível: estética e política / Jacques Rancière; tradução de Mônica Costa Netto. — São Paulo: EXO experimental org.; Editora 34, 2009 (2ª Edição).
	72 p.
	ISBN 978-85-7326-321-3
	Tradução de: Le partage du sensible
	1. Filosofia francesa contemporânea. 2. Estética. 3. Política. I. Título.

CDD - 194

A partilha do sensível

Nota da tradução.. 7

Prólogo.. 11

1. Da partilha do sensível e das relações
   que estabelece entre política e estética 15

2. Dos regimes da arte e do pouco interesse
   da noção de modernidade............................. 27

3. Das artes mecânicas e da promoção estética
   e científica dos anônimos............................. 45

4. Se é preciso concluir que a história é ficção.
   Dos modos da ficção................................... 52

5. Da arte e do trabalho. Em quê as práticas
   da arte constituem e não constituem
   uma exceção às outras práticas 63

Sobre o autor.. 71

Nota da tradução

O conceito de "partilha do sensível" [*partage du sensible*] aparece uma primeira vez para o público brasileiro muito bem explicitado no Prefácio de Jacques Rancière ao seu livro *Políticas da escrita*, publicado pela Editora 34 em 1995, na Coleção Trans, dirigida por Éric Alliez. Nesse livro — que aliás consiste numa coletânea de textos inédita na França e, portanto, numa raridade brasileira na bibliografia do autor — podemos ler:

> "Pelo termo de constituição estética deve-se entender aqui a *partilha do sensível* que dá forma à comunidade. *Partilha* significa duas coisas: a participação em um conjunto comum e, inversamente, a separação, a distribuição em quinhões. Uma partilha do sensível é, portanto, o modo como se determina no sensível a relação entre um conjunto comum partilhado e a divisão de partes exclusivas." (*Políticas da escrita*, p. 7, grifo nosso)

Mas na tradução do livro *O desentendimento: política e filosofia* (Editora 34, 1996), uma nova opção foi feita e o conceito reaparece como "divisão do sensível". Uma vez que o texto de *A partilha do sensível* remete explicitamente às análises desenvolvidas neste último livro, estimamos indispensável alertar para este fato a fim de não comprometer a referência. Quanto à nossa escolha de reafirmar a tradução inicial, além de apoiar-se na preferência do autor, parece-nos satisfatoriamente justificada pela citação acima.

A partilha do sensível

Estética e política

Prólogo

As páginas a seguir respondem a uma dupla solicitação. Em sua origem encontram-se as questões colocadas por dois jovens filósofos, Muriel Combes e Bernard Aspe, para a revista *Alice*, mais precisamente para a seção "A fábrica do sensível" — seção esta voltada para os atos estéticos como configurações da experiência, que ensejam novos modos do sentir e induzem novas formas da subjetividade política. Nesse contexto, questionaram-me sobre as consequências das análises dedicadas em meu livro *O desentendimento* à "partilha do sensível" enquanto cerne da política, e portanto a uma certa estética da política. Suas questões, também suscitadas por uma nova reflexão sobre as grandes teorias e experiências vanguardistas de fusão da arte com a vida, comandam a estrutura do texto que se vai ler. Minhas respostas foram desenvolvidas e suas pressuposições, tanto quanto possível, explicitadas, a pedido de Eric Hazan e Stéphanie Grégoire.

Todavia, essa solicitação particular se inscreve em um contexto mais geral. A multiplicação dos discursos denunciando a crise da arte ou sua captação fatal pelo discurso, a generalização do espetáculo ou a morte da imagem são indicações suficientes de que, hoje em dia, é no terreno estético que prossegue uma batalha ontem centrada nas promessas da emancipação e nas ilusões e desilusões da história. Talvez a trajetória do discurso situacionista — saído de um movimento artístico de vanguarda do pós-guerra, vindo a ser nos anos 1960 crítica radical da política e, hoje, absorvido no comum do discurso desencantado que compõe o avesso "crítico" da ordem existente — seja sintomática das idas e vindas contemporâneas da estética e da política, e das transformações do pensamento vanguardista em pensamento nostálgico. Mas são os textos de Jean-François Lyotard que melhor assinalam a forma como a "estética" pôde tornar-se, nos últimos vinte anos, o lugar privilegiado em que a tradição do pensamento crítico se metamorfoseou em pensamento do luto. A reinterpretação da análise kantiana do sublime transpunha para a arte o conceito que Kant havia situado além da arte, para com isso melhor fazer da arte um testemunho do encontro com o irrepresentável que desconcerta todo pensamento — e, a partir daí, um testemunho contra a arrogância da grande tentativa estético-política do devir-mundo do pensamento. Assim, o pensamento da arte tornava-se o lugar onde se prolongava, após a proclamação do fim das utopias políticas, uma dramaturgia do abismo originário do pensamento e do desastre de seu não reconhecimento. Muitas das contribuições contemporâneas ao pensamento dos desastres da arte ou da imagem trocam em prosa mais medíocre essa reviravolta de princípio.

Essa conhecida paisagem do pensamento contemporâneo define o contexto em que aqui se inscrevem estas questões e respostas, mas não o objetivo delas. Não se trata de reivindicar, mais uma vez, contra o desencantamento pós-moderno, a vocação vanguardista da arte ou o elã de uma modernidade vinculando as conquistas da novidade artística às da emancipação. Estas páginas não foram motivadas pela preocupação com uma intervenção polêmica. Elas se inscrevem num trabalho de longo prazo que visa restabelecer as condições de inteligibilidade de um debate. Isto é, em primeiro lugar, elaborar o sentido mesmo do que é designado pelo termo estética: não a teoria da arte em geral ou uma teoria da arte que remeteria a seus efeitos sobre a sensibilidade, mas um regime específico de identificação e pensamento das artes: um modo de articulação entre maneiras de fazer, formas de visibilidade dessas maneiras de fazer e modos de pensabilidade de suas relações, implicando uma determinada ideia da efetividade do pensamento. Definir as articulações desse regime estético das artes, os possíveis que elas determinam e seus modos de transformação, este é o objetivo atual da minha pesquisa e de um seminário mantido há alguns anos na Universidade de Paris VIII e no Colégio Internacional de Filosofia. Não se encontrará aqui o resultado dessa pesquisa, cuja elaboração segue seu ritmo próprio. Em compensação, procurei assinalar alguns marcos, históricos e conceituais, apropriados à reformulação de certos problemas que são irremediavelmente confundidos por noções que fazem passar por determinações históricas o que são *a priori* conceituais e por determinações conceituais, recortes temporais. Dentre essas noções figura certamente, em primeiro lugar, a de modernidade, hoje denominador comum de todos os discursos disparatados que põem no mesmo saco Hölderlin ou Cézanne, Mallarmé, Malevitch ou Duchamp, arrastando-os para o grande turbilhão em que se mesclam a ciência cartesiana e o parricídio revolucionário, a era das massas e o irracionalismo romântico, a proibição da representação e as técnicas da reprodução mecanizada, o sublime kantiano e a cena primitiva freudiana, a fuga dos deuses e o extermínio dos judeus da Europa. Indicar a pouca consistência dessas noções evidentemente não implica uma adesão aos discursos contemporâneos de retorno à simples realidade das práticas da arte e de seus critérios de apreciação. A conexão dessas "simples práticas" com modos de discurso, formas de vida, ideias do pensamento e figuras da comunidade não é fruto de nenhum desvio maléfico. Em compensação, o esforço para pensá-la implica abandonar a pobre dramaturgia do fim e do retorno, que não cessa de ocupar o terreno da arte, da política e de todo objeto de pensamento.

1.
Da partilha do sensível
e das relações que estabelece
entre política e estética

Em O desentendimento,[1] *a política é questionada a partir do que o senhor chama "partilha do sensível". Nesta expressão estaria, no seu modo de ver, a chave da junção necessária entre práticas estéticas e práticas políticas?*

Denomino partilha do sensível o sistema de evidências sensíveis que revela, ao mesmo tempo, a existência de um *comum* e dos recortes que nele definem lugares e partes respectivas. Uma partilha do sensível fixa portanto, ao mesmo tempo, um *comum* partilhado e partes exclusivas. Essa repartição das partes e dos lugares se funda numa partilha de espaços, tempos e tipos de atividade que determina propriamente a maneira como um *comum* se presta à participação e como uns e outros tomam parte nessa partilha. O cidadão, diz Aristóteles, é quem

---

[1] Jacques Rancière, *O desentendimento: política e filosofia*, tradução de Ângela Leite Lopes, São Paulo, Editora 34, 1996, Coleção Trans.

toma parte no fato de governar e ser governado. Mas uma outra forma de partilha precede esse tomar parte: aquela que determina os que tomam parte. O animal falante, diz Aristóteles, é um animal político. Mas o escravo, se compreende a linguagem, não a "possui". Os artesãos, diz Platão, não podem participar das coisas comuns porque eles *não têm tempo* para se dedicar a outra coisa que não seja o seu trabalho. Eles não podem estar em *outro lugar* porque o *trabalho não espera*. A partilha do sensível faz ver quem pode tomar parte no comum em função daquilo que faz, do tempo e do espaço em que essa atividade se exerce. Assim, ter esta ou aquela "ocupação" define competências ou incompetências para o comum. Define o fato de ser ou não visível num espaço comum, dotado de uma palavra comum etc. Existe portanto, na base da política, uma "estética" que não tem nada a ver com a "estetização da política" própria à "era das massas", de que fala Benjamin. Essa estética não deve ser entendida no sentido de uma captura perversa da política por uma vontade de arte, pelo pensamento do povo como obra de arte. Insistindo na analogia, pode-se entendê-la num sentido kantiano — eventualmente revisitado por Foucault — como o sistema das formas *a priori* determinando o que se dá a sentir. É um recorte dos tempos e dos espaços, do visível e do invisível, da palavra e do ruído que define ao mesmo tempo o lugar e o que está em jogo na política como forma de experiência. A política ocupa-se do que se vê e do que se pode dizer sobre o que é visto, de quem tem competência para ver e qualidade para dizer, das propriedades do espaço e dos possíveis do tempo.

É a partir dessa estética primeira que se pode colocar a questão das "práticas estéticas", no sentido em que entendemos, isto é, como formas de visibilidade das práticas da arte, do lugar que ocupam, do que "fazem" no que diz respeito ao comum. As práticas artísticas são "maneiras de fazer" que intervêm na distribuição geral das maneiras de fazer e nas suas relações com maneiras de ser e formas de visibilidade. Antes de se fundar no conteúdo imoral das fábulas, a proscrição platônica dos poetas funda-se na impossibilidade de se fazer duas coisas ao mesmo tempo. A questão da ficção é, antes de tudo, uma questão de distribuição dos lugares. Do ponto de vista platônico, a cena do teatro, que é simultaneamente espaço de uma atividade pública e lugar de exibição dos "fantasmas", embaralha a partilha das identidades, atividades e espaços. O mesmo ocorre com a escrita: circulando por toda parte, sem saber a quem deve ou não falar, a escrita destrói todo fundamento legítimo da circulação da palavra, da relação entre os efeitos da palavra e as posições dos corpos no espaço comum. Platão destaca dois grandes modelos, duas grandes formas de existência e de efetividade sensível da palavra: o teatro e a escrita — que virão a ser também formas de estruturação para o regime das artes em geral. Ora, tais formas revelam-se de saída comprometidas com um certo regime da política, um regime de indeterminação das identidades, de deslegitimação das posições de palavra, de desregulação das partilhas do espaço e do tempo. Esse regime estético da política é propriamente a democracia, o regime das assembleias de artesãos, das leis escritas intangíveis e da instituição teatral. Ao teatro e à escrita, Platão opõe uma terceira forma, uma boa *forma de arte*, a forma *coreográfica* da comunidade que dança e canta sua própria unidade. Em suma, Platão destaca três maneiras a partir das quais práticas da palavra e do corpo propõem figuras de comunidade. Identifica a superfície dos signos mudos: superfície dos signos que são, diz ele, como pinturas. E o espaço do movimento dos corpos, que se divide por sua vez em dois modelos antagônicos. De um lado, há o movimento dos simulacros da cena, oferecido às identificações do público. De outro, o movimento autêntico, o movimento próprio dos corpos comunitários.

A superfície dos signos "pintados", o desdobramento do teatro, o ritmo do coro dançante: três formas de partilha do sensível estruturando a maneira pela qual as artes podem ser percebidas e pensadas como artes *e* como formas de inscrição do sentido da comunidade. Essas formas definem a maneira como obras ou performances "fazem política", quaisquer que sejam as intenções que as regem, os tipos de inserção social dos artistas ou o modo como as formas artísticas refletem estruturas ou movimentos sociais. Quando são publicados, *Madame Bovary* ou *A educação sentimental* são imediatamente percebidos como "a democracia em literatura", apesar da postura aristocrática e do conformismo político de Flaubert. Até mesmo sua recusa em confiar à literatura uma mensagem é considerada como um testemunho da igualdade democrática. Ele é democrata, dizem seus adversários, na sua opção por pintar em vez de instruir. Essa igualdade de indiferença é consequência de uma opção poética: a igualdade de todos os temas,[2] é a negação de toda relação de necessidade entre uma forma e um conteúdo determinados. Mas esta indiferença, o que é ela afinal senão a igualdade de tudo que advém numa página escrita, disponível para qualquer olhar? Essa igualdade destrói todas as hierarquias da representação e institui a comunidade dos leitores como comunidade sem legitimidade, comunidade desenhada tão somente pela circulação aleatória da letra.

---

[2] No original, "*l'egalité de tous les sujets*", expressão que encerra duplicidade de sentido intraduzível, pelo fato do termo "*sujet*" (sujeito) em francês também significar, segundo o contexto, "tema" ou "objeto", no sentido daquilo de que se trata. No que diz respeito à relação entre estética e política, a ambiguidade parece tornar-se relevante, já que para Rancière "a política é assunto de sujeitos, ou melhor, de modos de subjetivação" e ela "só existe mediante a efetuação da igualdade de qualquer pessoa com qualquer pessoa" (cf. *O desentendimento, op. cit.*, pp. 47 e 71). (N. da T.)

Uma politicidade sensível é assim, de saída, atribuída às grandes formas de partilha estética como o teatro, a página ou o coro. Essas "políticas" seguem sua lógica própria e repropõem seus serviços em épocas e contextos muito diferentes. Pensemos na maneira como esses paradigmas funcionaram no nó arte/política no final do século XIX e início do século XX. Pensemos, por exemplo, no papel assumido pelo paradigma da página sob suas diferentes formas, que excedem a materialidade da folha escrita: temos a democracia romanesca, a democracia indiferente da escrita, simbolizada pelo romance e seu público. Mas temos também a cultura tipográfica e iconográfica, esse entrelaçamento dos poderes da letra e da imagem, que exerceu um papel tão importante no Renascimento e que vinhetas, fundos de lâmpada e inovações diversas da tipografia romântica ressuscitaram. Esse modelo embaralha as regras de correspondência à distância entre o dizível e o visível, próprias à lógica representativa. Embaralha também a partilha entre as obras da arte pura e as decorações da arte aplicada. É por isso que teve um papel tão importante — e geralmente subestimado — na transformação radical do paradigma representativo e nas suas implicações políticas. Penso principalmente em seu papel no movimento *Arts and Crafts* e todos seus derivados (*Art Déco*, Bauhaus, construtivismo) em que se definiu uma ideia do mobiliário — no sentido amplo — da nova comunidade, que também inspirou uma nova ideia da superfície pictural como superfície de escrita comum.

O discurso modernista apresenta a revolução pictural abstrata como a descoberta pela pintura de seu "medium" próprio: a superfície bidimensional. A revogação da ilusão perspectivista da terceira dimensão devolveria à pintura o domínio da sua superfície própria. Mas precisamente essa superfície não tem nada de "própria". Uma "superfície" não é simplesmente uma composição geométrica de linhas. É uma forma de partilha do sensível. Escrita e pintura eram para Platão superfícies equivalentes de signos mudos, privados do sopro que anima e transporta a palavra viva. O plano,[3] nessa lógica, não se opõe ao profundo, no sentido do tridimensional. Ele se opõe ao "vivo". É ao ato de palavra "vivo", conduzido pelo locutor ao seu destinatário adequado, que se opõe a superfície muda dos signos pintados. E a adoção da terceira dimensão pela pintura foi também uma resposta a essa partilha. A reprodução da profundidade óptica foi relacionada ao privilégio da *história*. Participou, no Renascimento, da valorização da pintura, da afirmação de sua capacidade de captar um ato de palavra vivo, o momento decisivo de uma ação e de uma significação. A poética clássica da representação quis, contra o rebaixamento platônico da *mímesis*, dotar o "plano" da palavra

---

[3] No original, "*le plat*". (N. da T.)

ou do "quadro" de uma vida, de uma profundidade específica, como manifestação de uma ação, expressão de uma interioridade ou transmissão de um significado. Ela instaurou entre palavra e pintura, entre dizível e visível uma relação de correspondência à distância, dando à "imitação" seu espaço específico.

É esta relação que está em questão na pretensa distinção do bidimensional e do tridimensional como "próprios" a esta ou aquela arte. É na superfície plana da página, na mudança de função das "imagens" da literatura ou na mudança do discurso sobre o quadro, mas também nos entrelaces da tipografia, do cartaz e das artes decorativas, que se prepara uma boa parte da "revolução antirrepresentativa" da pintura. Esta pintura, tão mal denominada abstrata e pretensamente reconduzida a seu medium próprio, é parte integrante de uma visão de conjunto de um novo homem, habitante de novos edifícios, cercado de objetos diferentes. Sua planaridade[4] tem ligação com a da página, do cartaz ou da tapeçaria — é uma interface. E sua "pureza" antirrepresentativa inscreve-se num contexto de entrelaçamento da arte pura e da arte aplicada, que lhe confere de saída uma significação

---

[4] No original, "*platitude*", que em francês não designa apenas a superfície bidimensional, mas remete também a uma ideia de banalidade ou de indistinção, estabelecendo aqui uma relação entre a igualdade dos sujeitos e a indistinção das artes. (N. da T.)

política. Não é a febre revolucionária ambiente que faz de Malevitch ao mesmo tempo o autor do *Quadrado preto sobre fundo branco* e o arauto revolucionário das "novas formas de vida". E não é um ideal teatral do novo homem que sela a aliança momentânea entre políticas e artistas revolucionários. É, antes, na interface criada entre "suportes" diferentes, nos laços tecidos entre o poema e sua tipografia ou ilustração, entre o teatro e seus decoradores ou grafistas, entre o objeto decorativo e o poema, que se forma essa "novidade" que vai ligar o artista, que abole a figuração, ao revolucionário, inventor da vida nova. Essa interface é política porque revoga a dupla política inerente à lógica representativa. Esta, por um lado, separava o mundo das imitações da arte do mundo dos interesses vitais e das grandezas político-sociais. Por outro, sua organização hierárquica — e particularmente o primado da palavra/ação viva sobre a imagem pintada — era análoga à ordem político-social. Com a vitória da página romanesca sobre a cena teatral, o entrelaçamento igualitário das imagens e dos signos na superfície pictural ou tipográfica, a promoção da arte dos artesãos à grande arte e a pretensão nova de inserir arte no cenário de cada vida em particular, trata-se de todo um recorte ordenado da experiência sensível que cai por terra.

É assim que o "plano" da superfície dos signos pintados, essa forma de partilha igualitária do sensível estigmatizada por Platão, intervém ao mesmo tempo como princípio de revolução "formal" de uma arte e princípio de re-partição política da experiência comum. Do mesmo modo se poderia refletir sobre outras grandes formas, a do coro e a do teatro que já mencionei, ou outras. Uma história da política estética, entendida nesse sentido, deve levar em conta a maneira como essas grandes formas se opõem ou se confundem. Penso por exemplo na maneira como esse paradigma da superfície dos signos/formas se opôs ou se confundiu ao paradigma teatral da presença — e nas diversas formas que esse próprio paradigma pôde assumir, da figuração simbolista da lenda coletiva ao coro em ato dos novos homens. A política aí se representa como relação entre a cena e a sala, significação do corpo do ator, jogos da proximidade ou da distância. As prosas críticas de Mallarmé colocam exemplarmente em cena o jogo de remissões, oposições e assimilações entre essas formas, desde o teatro íntimo da página ou a coreografia caligráfica até o novo "ofício" do concerto.

Assim, por um lado, essas formas aparecem como portadoras de figuras de comunidade iguais a elas mesmas em contextos muito diferentes. Mas, inversamente, elas são passíveis de remissão a paradigmas políticos contraditórios. Tomemos o exemplo da cena trágica. Para Platão, ela é portadora da síndrome democrática ao mesmo tempo que do poder da ilusão. Isolando a *mímesis* em seu espaço próprio, e circunscrevendo a tragédia em uma lógica dos gêneros, Aristóteles, mesmo que não se tenha proposto a isso, redefine sua politicidade. E, no sistema clássico da representação, a cena trágica será a cena de visibilidade de um mundo em ordem, governado pela hierarquia dos temas e a adaptação, a esta hierarquia, das situações e maneiras de falar. O paradigma democrático se tornará um paradigma monárquico. Pensemos também na longa e contraditória história da retórica e do modelo do "bom orador". Ao longo de toda a idade monárquica, a eloquência democrática de Demóstenes significou uma excelência da palavra, sendo a própria palavra considerada um atributo imaginário da potência suprema, mas também sempre disponível para retomar sua função democrática, emprestando suas formas canônicas e suas imagens consagradas às aparições transgressivas de locutores não autorizados na cena pública. Pensemos ainda nos destinos contraditórios do modelo coreográfico. Trabalhos recentes relembram os avatares da escrita do movimento elaborada por Laban num contexto de liberação dos corpos e transformada em modelo das grandes demonstrações nazistas, antes de reencontrar, no contexto contestatório da arte performática, uma nova virgindade subversiva. A explicação benjaminiana pela estetização fatal da política na "era das massas" esquece-se talvez da ligação muito antiga entre o unanimismo cidadão e a exaltação do livre movimento dos corpos. Na cidade hostil ao teatro e à lei escrita, Platão recomendava embalar incessantemente as crianças de colo.

Citei essas três formas por causa da referência conceitual platônica e da constância histórica delas. Evidentemente elas não definem a totalidade dos modos como essas figuras de comunidade se encontram esteticamente desenhadas. O importante é ser neste nível, do recorte sensível do comum da comunidade, das formas de sua visibilidade e de sua disposição, que se coloca a questão da relação estética/política. A partir daí pode-se pensar as intervenções políticas dos artistas, desde as formas literárias românticas do deciframento da sociedade até os modos contemporâneos da performance e da instalação, passando pela poética simbolista do sonho ou a supressão dadaísta ou construtivista da arte. A partir daí podem ser colocadas em questão diversas histórias imaginárias da "modernidade" artística e dos vãos debates sobre a autonomia da arte ou sua submissão política. As artes nunca emprestam às manobras de dominação ou de emancipação mais do que lhes podem emprestar, ou seja, muito simplesmente, o que têm em comum com elas: posições e movimentos dos corpos, funções da palavra, repartições do visível e do invisível. E a autonomia de que podem gozar ou a subversão que podem se atribuir repousam sobre a mesma base.

2.
Dos regimes da arte
e do pouco interesse
da noção de modernidade

Algumas categorias centrais para se pensar a criação artística do século XX — a saber: modernidade, vanguarda e, mais recentemente, pós-modernidade — também têm um sentido político. Estas categorias parecem-lhe ser de algum interesse para se conceber em termos precisos o que liga o "estético" ao "político"?

Não creio que as noções de modernidade e de vanguarda tenham sido bastante esclarecedoras para se pensar as novas formas de arte desde o século passado, nem as relações do estético com o político. Elas de fato confundem duas coisas bem diferentes: uma coisa é a historicidade própria a um regime das artes em geral. Outra, são as decisões de ruptura ou antecipação que se operam no interior desse regime. A noção de modernidade estética recobre, sem lhe atribuir um conceito, a singularidade de um regime particular das artes, isto é, um tipo específico de ligação entre modos de produção das obras ou das práticas, formas de visibilidade dessas práticas e modos de conceituação destas ou daquelas.

Uma digressão se impõe aqui para esclarecer essa noção e situar o problema. No que diz respeito ao que chamamos *arte*, pode-se com efeito distinguir, na tradição ocidental, três grandes regimes de identificação. Em primeiro lugar, há o que proponho chamar um regime ético das imagens. Neste regime, "a arte" não é identificada enquanto tal, mas se encontra subsumida na questão das imagens. Há um tipo de seres, as imagens, que é objeto de uma dupla questão: quanto à sua origem e, por conseguinte, ao seu teor de verdade; e quanto ao seu destino: os usos que têm e os efeitos que induzem. Pertence a esse regime a questão das imagens da divindade, do direito ou proibição de produzir tais imagens, do estatuto e significado das que são produzidas. Como a ele pertence também toda a polêmica platônica contra os simulacros da pintura, do poema e da cena. Platão não submete, como é dito com frequência, a arte à política. Essa distinção em si não faz sentido para ele. Para Platão, a arte não existe, apenas existem artes, maneiras de fazer. E é entre elas que ele traça a linha divisória: existem artes verdadeiras, isto é, saberes fundados na imitação de um modelo com fins definidos, e simulacros de arte que imitam simples aparências. Essas imitações, diferenciadas quanto à origem, o são em seguida quanto à destinação: pela maneira como as imagens do poema dão às crianças e aos espectadores cidadãos uma certa educação e se inscrevem na partilha das ocupações da cidade. É neste sentido que falo do regime ético das imagens. Trata-se, nesse regime, de saber no que o modo de ser das imagens concerne ao *ethos*, à maneira de ser dos indivíduos e das coletividades. E essa questão impede a "arte" de se individualizar enquanto tal.[5]

---

[5] A partir daí, pode-se compreender o paralogismo contido em todas as tentativas para deduzir do estatuto ontológico das imagens as características das artes (por exemplo, as incessantes tentativas para extrair da teologia do ícone a ideia do "próprio" da pintura, da fotografia ou do cinema). Essa tentativa põe em relação de causa e efeito as propriedades de dois regimes de pensamento que se excluem. O mesmo problema é colocado pela análise benjaminiana da aura. Com efeito, Benjamin estabelece uma dedução equívoca do valor ritual da imagem ao valor de unicidade da obra de arte. "É um fato de importância decisiva que a obra de arte não possa deixar de perder sua aura a partir do momento em que nela não resta mais nenhum vestígio de sua função ritual. Em outros termos, o valor de unicidade próprio à obra de arte 'autêntica' se funda nesse ritual que, na origem, foi o suporte de seu antigo valor de utilidade" (*A obra de arte na era de sua reprodutibilidade técnica*). Esse "fato", na realidade, é apenas o ajustamento problemático de dois esquemas de transformação: o esquema historicista da "secularização do sagrado" e o esquema econômico da transformação do valor de uso em valor de troca. Mas lá onde o serviço sagrado define a destinação da estátua ou da pintura como imagens, a ideia mesma de uma especificidade da arte e de uma propriedade de unicidade de suas "obras" não pode aparecer. O retraimento de um é necessário à emergência da outra. Não se segue absolutamente que a segunda seja a forma transformada do primeiro. O "em outros termos" supõe equivalentes duas proposições que não o são em absoluto e permite todas as passagens entre a

Do regime ético das imagens se separa o regime poético — ou representativo — das artes. Este identifica o fato da arte — ou antes, das artes — no par *poiesis/mímesis*. O princípio mimético, no fundo, não é um princípio normativo que diz que a arte deve fazer cópias parecidas com seus modelos. É, antes, um princípio pragmático que isola, no domínio geral das artes (das maneiras de fazer), certas artes particulares que executam coisas específicas, a saber, imitações. Tais imitações não se enquadram nem na verificação habitual dos produtos das artes por meio de seu uso, nem na legislação da verdade sobre os discursos e as imagens. Nisto consiste a grande operação efetuada pela elaboração aristotélica da *mímesis* e pelo privilégio dado à ação trágica. É o *feito* do poema, a fabricação de uma intriga que orquestra ações representando homens agindo, que importa, em detrimento do *ser* da imagem, cópia interrogada sobre seu modelo. Tal é o princípio da mudança de função do modelo dramático de que falava acima. O princípio de delimitação

---

explicação materialista da arte e sua transformação em teologia profana. É assim que a teorização benjaminiana da passagem do cultual ao exposicional sustenta hoje três discursos concorrentes: o que celebra a desmistificação moderna do misticismo artístico, o que dota a obra e seu espaço de exposição dos valores sagrados da representação do invisível e o que contrapõe, aos tempos remotos da presença dos deuses, o abandono do "ser-exposto" do homem.

externa de um domínio consistente de imitações é, portanto, ao mesmo tempo, um princípio normativo de inclusão. Ele se desenvolve em formas de normatividade que definem as condições segundo as quais as imitações podem ser reconhecidas como pertencendo propriamente a uma arte e apreciadas, nos limites dessa arte, como boas ou ruins, adequadas ou inadequadas: separação do representável e do irrepresentável, distinção de gêneros em função do que é representado, princípios de adaptação das formas de expressão aos gêneros, logo, aos temas representados, distribuição das semelhanças segundo princípios de verossimilhança, conveniência ou correspondência, critérios de distinção e de comparação entre as artes etc.

Denomino esse regime *poético* no sentido em que identifica as artes — que a idade clássica chamará de "belas-artes" — no interior de uma classificação de maneiras de fazer, e consequentemente define maneiras de fazer e de apreciar imitações benfeitas. Chamo-o *representativo*, porquanto é a noção de representação ou de *mímesis* que organiza essas maneiras de fazer, ver e julgar. Mas, repito, a *mímesis* não é a lei que submete as artes à semelhança. É, antes, o vinco na distribuição das maneiras de fazer e das ocupações sociais que torna as artes visíveis. Não é um procedimento artístico, mas um regime de visibilidade das artes. Um regime de visibilidade das artes é, ao mesmo tempo, o que autonomiza as artes, mas também o que articula essa autonomia a uma ordem geral das maneiras de fazer e das ocupações. Precisamente o que eu evocava acima a propósito da lógica representativa. Esta entra numa relação de analogia global com uma hierarquia global das ocupações políticas e sociais: o primado representativo da ação sobre os caracteres, ou da narração sobre a descrição, a hierarquia dos gêneros segundo a dignidade dos seus temas, e o próprio primado da arte da palavra, da palavra em ato, entram em analogia com toda uma visão hierárquica da comunidade.

A esse regime representativo, contrapõe-se o regime das artes que denomino *estético*. Estético, porque a identificação da arte, nele, não se faz mais por uma distinção no interior das maneiras de fazer, mas pela distinção de um modo de ser sensível próprio aos produtos da arte. A palavra "estética" não remete a uma teoria da sensibilidade, do gosto ou do prazer dos amadores de arte. Remete, propriamente, ao modo de ser específico daquilo que pertence à arte, ao modo de ser de seus objetos. No regime estético das artes, as coisas da arte são identificadas por pertencerem a um regime específico do sensível. Esse sensível, subtraído a suas conexões ordinárias, é habitado por uma potência heterogênea, a potência de um pensamento que se tornou ele próprio estranho a si mesmo: produto idêntico ao não-produto, saber transformado em não-saber, *logos* idêntico a um *pathos*, intenção do inintencional etc. Essa ideia de um sensível tornado estranho a si mesmo, sede de um pensamento que se tornou ele próprio estranho a si mesmo, é o núcleo invariável das identificações da arte que configuram originalmente o pensamento estético: a descoberta por Vico do "verdadeiro Homero" como poeta apesar de si mesmo, o "gênio" kantiano que ignora a lei que produz, o "estado estético" de Schiller, feito da dupla suspensão da atividade do entendimento e de passividade sensível, a definição dada por Schelling da arte como identidade de um processo consciente e de um processo inconsciente etc. Ela percorre igualmente as autodefinições das artes próprias à idade moderna: ideia proustiana do livro inteiramente calculado e absolutamente subtraído à vontade; ideia mallarmiana do poema do espectador-poeta, escrito "sem aparelho de escriba" pelos passos da dançarina iletrada; prática surrealista da obra expressando o inconsciente do artista com as ilustrações fora de moda dos catálogos ou folhetins do século precedente; ideia bressoniana do cinema como pensamento do cineasta extraído dos corpos dos "modelos" que, repetindo sem pensar as palavras e gestos que dita para eles, manifestam, sem o seu conhecimento ou o deles, a verdade que lhes é própria etc.

Inútil prosseguir com as definições e exemplos. É preciso, porém, assinalar o cerne do problema. O regime estético das artes é aquele que propriamente identifica a arte no singular e desobriga essa arte de toda e qualquer regra específica, de toda hierarquia de temas, gêneros e artes. Mas, ao fazê-lo, ele implode a barreira mimética que distinguia as maneiras de fazer arte das outras maneiras de fazer e separava suas regras da ordem das ocupações sociais. Ele afirma a absoluta singularidade da arte e destrói ao mesmo tempo todo critério pragmático dessa singularidade. Funda, a uma só vez, a autonomia da arte e a identidade de suas formas com as formas pelas quais a vida se forma a si mesma. O *estado estético* schilleriano, que é o primeiro — e, em certo sentido, inultrapassável — manifesto desse regime, marca bem essa identidade fundamental dos contrários. O estado estético é pura suspensão, momento em que a forma é experimentada por si mesma. O momento de formação de uma humanidade específica.

A partir daí, pode-se compreender as funções exercidas pela noção de modernidade. Pode-se dizer que o regime estético das artes é o verdadeiro nome daquilo designado pela denominação confusa de modernidade. Mas "modernidade" é mais do que uma denominação confusa. Em suas diferentes versões, "modernidade" é o conceito que se empenha em ocultar a especificidade desse regime das artes e o próprio sentido da especificidade dos regimes da arte. Traça, para exaltá-la ou deplorá-la, uma linha simples de passagem ou de ruptura entre o antigo e o moderno, o representativo e o não-representativo ou antirrepresentativo. O ponto de apoio dessa historicização simplista foi a passagem à não-figuração na pintura. Essa passagem foi teorizada numa assimilação sumária com um destino global antimimético da "modernidade" artística. Quando os arautos dessa modernidade viram os lugares onde se exibia este bem-comportado destino da modernidade invadidos por toda espécie de objetos, máquinas e dispositivos não identificados, começaram a denunciar a "tradição do novo", uma vontade de inovação que reduziria a modernidade artística ao vazio de sua autoproclamação. Mas é o ponto de partida adotado que não convém. O pulo para fora da *mímesis* não é em absoluto uma recusa da figuração. E seu momento inaugural foi com frequência denominado *realismo*, o qual não significa de modo algum a valorização da semelhança, mas a destruição dos limites dentro dos quais ela funcionava. Assim, o realismo romanesco é antes de tudo a subversão das hierarquias da representação (o primado do narrativo sobre o descritivo ou a hierarquia dos temas) e a adoção de um modo de focalização fragmentada, ou próxima, que impõe a presença bruta em detrimento dos encadeamentos racionais da história. O regime estético das artes não opõe o antigo e o moderno. Opõe, mais profundamente, dois regimes de historicidade. É no interior do regime mimético que o antigo se opõe ao moderno. No regime estético da arte, o futuro da arte, sua distância do presente da não-arte, não cessa de colocar em cena o passado.

Aqueles que exaltam ou denunciam a "tradição do novo" de fato esquecem que esta tem por exato complemento a "novidade da tradição". O regime estético das artes não começou com decisões de ruptura artística. Começou com as decisões de reinterpretação daquilo que a arte faz ou daquilo que a faz ser arte: Vico descobrindo o "verdadeiro Homero", isto é, não um inventor de fábulas e tipos característicos, mas um testemunho da linguagem e do pensamento imagéticos dos povos dos tempos antigos; Hegel assinalando o verdadeiro tema da pintura de gênero holandesa: não as histórias de estalagem ou descrições de interiores, e sim a liberdade de um povo impressa em reflexos de luz; Hölderlin reinventando a tragédia grega; Balzac contrapondo a poesia do geólogo que reconstitui mundos a partir de vestígios e de fósseis àquela que se contenta em reproduzir algumas agitações da alma; Mendelssohn recompondo a *Paixão segundo São Mateus* etc. O regime estético das artes é antes de tudo um novo regime da relação com o antigo. De fato, ele transforma em princípio de artisticidade essa relação de expressão de um tempo e um estado de civilização que antes era considerada a parte "não-artística" das obras (aquela que se perdoava alegando a rudeza dos tempos em que vivera o autor). Ele inventa suas revoluções baseado na mesma ideia que o leva a inventar o museu e a história da arte, a noção de classicismo e as novas formas da reprodução... E se entrega à invenção de novas formas de vida com base em uma ideia do que a arte *foi, teria sido*. Quando os futuristas ou os construtivistas proclamam o fim da arte e a identificação de suas práticas àquelas que edificam, ritmam ou decoram os espaços e tempos da vida em comum, eles propõem um fim da arte como identificação com a vida da comunidade, que é tributária da releitura schilleriana e romântica da arte grega como modo de vida de uma comunidade — aliás, em sintonia com as novas práticas dos inventores publicitários que não propõem, eles, revolução alguma, mas somente uma nova maneira de se viver em meio às palavras, imagens e mercadorias. A ideia de modernidade é uma noção equívoca que gostaria de produzir um corte na configuração complexa do regime estético das artes, reter as formas de ruptura, os gestos iconoclastas etc, separando-os do contexto que os autoriza: a reprodução generalizada, a interpretação, a história, o museu, o patrimônio... Ela gostaria que houvesse um sentido único, quando a temporalidade própria ao regime estético das artes é a de uma co-presença de temporalidades heterogêneas.

A noção de modernidade parece, assim, como inventada de propósito para confundir a inteligência das transformações da arte e de suas relações com as outras esferas da experiência coletiva. Parece-me haver duas grandes formas dessa confusão. Ambas se apoiam, sem analisá-la, na contradição constitutiva do regime estético das artes que faz da arte uma *forma autônoma da vida* e, com isso, afirma, ao mesmo tempo, a autonomia da arte e sua identificação a um momento no processo de autoformação da vida. Daí deduzem-se as duas grandes variantes do discurso sobre a "modernidade". A primeira quer uma modernidade simplesmente identificada à autonomia da arte, uma revolução "antimimética" da arte idêntica à conquista da forma pura, enfim nua, da arte. Cada arte afirmaria então a pura potência de arte explorando os poderes próprios do seu medium específico. A modernidade poética ou literária seria a exploração dos poderes de uma linguagem desviada do seu uso comunicacional. A modernidade pictural seria o retorno da pintura ao que lhe é próprio: o pigmento colorido e a superfície bidimensional. A modernidade musical se identificaria à linguagem de doze sons, livre de toda analogia com a linguagem expressiva etc. E essas modernidades específicas estariam numa relação de analogia à distância com uma modernidade política, capaz de se identificar, conforme a época, com a radicalidade revolucionária ou com a modernidade sóbria e desencantada do bom governo republicano. O que se chama "crise da arte" é essencialmente a derrota desse paradigma modernista simples, cada vez mais afastado das misturas de gêneros e de suportes, como das polivalências políticas das formas contemporâneas das artes.

Essa derrota é evidentemente sobredeterminada pela segunda grande forma do paradigma modernista, que se poderia chamar de *modernitarismo*. Denomino assim a identificação das formas do regime estético das artes às formas de execução de uma tarefa ou de um destino próprio da modernidade. Na base dessa identificação está uma interpretação específica da contradição matricial da "forma" estética. Valoriza-se a determinação da arte como forma e autoformação da vida. No ponto de partida encontra-se a referência insuperável que constitui a noção schilleriana de *educação estética do homem*. Ela fixou a ideia de que dominação e servitude são antes de tudo distribuições ontológicas (atividade do pensamento *versus* passividade da matéria sensível) e definiu um estado neutro, um estado de dupla anulação em que atividade de pensamento e receptividade sensível se tornam uma única realidade, constituindo algo como uma nova região do ser — a da aparência e do jogo livres — que torna pensável essa igualdade que a Revolução Francesa, segundo Schiller, mostra ser impossível materializar diretamente. É esse modo específico de habitação do mundo sensível que deve ser desenvolvido pela "educação estética" para formar homens capazes de viver numa comunidade política livre. Sobre essa base, construiu-se a ideia da modernidade como tempo dedicado à realização sensível de uma humanidade ainda latente do homem. Quanto a esse aspecto, pode-se dizer que a "revolução estética" produziu uma nova ideia da revolução política, como realização sensível de uma humanidade comum existindo ainda somente enquanto ideia. Foi assim que o "estado estético" schilleriano tornou-se o "programa estético" do romantismo alemão, o programa resumido no rascunho redigido em comum por Hegel, Hölderlin e Schelling: a realização sensível, nas formas de vida e de crença populares, da liberdade incondicional do pensamento puro. E foi esse paradigma de autonomia estética que se tornou o novo paradigma da revolução, e permitiu ulteriormente o breve, mas decisivo, encontro dos artesãos da revolução marxista e dos artesãos das formas da nova vida. A falência dessa revolução determinou o destino — em dois tempos — do modernitarismo. Num primeiro tempo, o modernismo artístico foi contraposto, com seu potencial revolucionário autêntico de recusa e promessa, à degenerescência da revolução política. O surrealismo e a Escola de Frankfurt foram os principais vetores dessa contramodernidade. No segundo tempo, a falência da revolução política foi pensada como falência de seu modelo ontológico-estético. A modernidade, então, tornou-se algo como um destino fatal fundado num esquecimento fundamental: essência heideggeriana da técnica, corte revolucionário da cabeça do rei e da tradição humana, e, finalmente, pecado original da criatura humana, esquecida da sua dívida para com o Outro e da sua submissão às potências heterogêneas do sensível.

O que se chama de *pós-modernismo* é propriamente o processo dessa reviravolta. Num primeiro tempo, o pós-modernismo trouxe à tona tudo aquilo que, na evolução recente das artes e de suas formas de pensabilidade, arruinava o edifício teórico do modernismo: as passagens e as misturas entre as artes que arruinavam a ortodoxia da separação das artes inspirada por Lessing; a ruína do paradigma da arquitetura funcionalista e o retorno da linha curva e do ornamento; a ruína do modelo pictural/bidimensional/abstrato através dos retornos da figuração e da significação e a lenta invasão do espaço de exposição das pinturas por formas tridimensionais e narrativas, da *pop art* à arte das instalações e às "câmaras" da vídeo-arte;[6] as novas combinações da palavra e da pintura, da escultura monumental e da projeção de sombras e luzes; a explosão da tradição serial através das misturas de gêneros, épocas e sistemas musicais. O modelo teleológico da modernidade tornou-se insustentável, ao mesmo tempo que suas distinções entre os "próprios" das diferentes artes, ou a separação de um domínio puro da arte. O pós-modernismo, num certo sentido, foi apenas o nome com o qual certos artistas e pensadores tomaram consciência do que tinha sido o modernismo: uma tentativa desesperada de fundar um "próprio da arte" atando-o a uma teleologia simples da evolução e da ruptura históricas. E não havia de fato necessidade de se fazer, desse

---

[6] Cf. Raymond Bellour, "La chambre", in *L'entre-images 2*, Paris, P.O.L., 1999.

reconhecimento tardio de um dado fundamental do regime estético das artes, um corte temporal efetivo, o fim real de um período histórico.

Mas, precisamente, o que se seguiu mostrou que o pós-modernismo era mais do que isso. Muito rapidamente, a alegre licença pós-moderna, sua exaltação do carnaval dos simulacros, mestiçagem e hibridações de todos os tipos, transformou-se em contestação dessa liberdade ou autonomia que o princípio modernitário dava — ou teria dado — à arte a missão de cumprir. Do carnaval voltou-se então à cena primitiva. Todavia, a cena primitiva pode ser tomada em dois sentidos: ponto de partida de um processo ou separação original. A fé modernista tinha se atrelado à ideia dessa "educação estética do homem" que Schiller extraíra da analítica kantiana do belo. A reviravolta pós-moderna teve como base teórica a análise feita por Lyotard do sublime kantiano, reinterpretado como cena de uma distância fundadora entre a ideia e toda representação sensível. A partir daí, o pós-modernismo entrou no grande concerto do luto e do arrependimento do pensamento modernitário. E a cena da distância sublime acabou resumindo todos os tipos de cenas de pecado ou distância original: a fuga heideggeriana dos deuses; o irredutível freudiano do objeto não-simbolizável e da pulsão de morte; a voz do Absolutamente Outro pronunciando a proibição da representação; o assassínio revolucionário do Pai. O pós-modernismo tornou-se então a grande nênia do irrepresentável/intratável/irrecobrável, denunciando a loucura moderna da ideia de uma autoemancipação da humanidade do homem e sua inevitável e interminável conclusão nos campos de extermínio.

A noção de vanguarda define o tipo de tema que convém à visão modernista e próprio a conectar, segundo essa visão, o estético e o político. Seu sucesso está menos na conexão cômoda que produz entre a ideia artística da novidade e a ideia da direção política do movimento, do que na conexão mais secreta que opera entre duas ideias de "vanguarda". Existe a noção topográfica e militar da força que marcha à frente, que detém a inteligência do movimento, concentra suas forças, determina o sentido da evolução histórica e escolhe as orientações políticas subjetivas. Enfim, há essa ideia que liga a subjetividade política a uma determinada forma — do partido, do destacamento avançado extraindo sua capacidade dirigente de sua capacidade para ler e interpretar os signos da história. E há essa outra ideia de vanguarda que se enraíza na antecipação estética do futuro, segundo o modelo schilleriano. Se o conceito de vanguarda tem um sentido no regime estético das artes, é desse lado que se deve encontrá-lo: não do lado dos destacamentos avançados da novidade artística, mas do lado da invenção de formas sensíveis e dos limites materiais de uma vida por vir. É isso que a vanguarda "estética" trouxe à vanguarda "política", ou que ela quis ou acreditou lhe trazer, transformando a política em programa total de vida. A história das relações entre partidos e movimentos estéticos é antes de mais nada a história de uma confusão, às vezes complacentemente entretida, em outros momentos violentamente denunciada, entre essas duas ideias de vanguarda, que são, com efeito, duas ideias diferentes da subjetividade política: a ideia arquipolítica do partido, isto é, a ideia de uma inteligência política que concentra as condições essenciais da transformação, e a ideia metapolítica da subjetividade política global, a ideia da virtualidade nos modos de experiência sensíveis inovadores de antecipação da comunidade por vir. Mas essa confusão nada tem de acidental. Não é que, segundo a doxa contemporânea, as pretensões dos artistas a uma revolução total do sensível tenham preparado o terreno para o totalitarismo. Trata-se, porém, do fato de que a própria ideia de vanguarda política está dividida entre a concepção estratégica e a concepção estética de vanguarda.

3.
Das artes mecânicas
e da promoção estética e científica
dos anônimos

Em um de seus textos, o senhor faz uma aproximação entre o desenvolvimento das artes "mecânicas", que são a fotografia e o cinema, e o nascimento da "nova história". Poderia explicitar essa aproximação? A ideia de Benjamin segundo a qual, no início do século XX, com a ajuda dessas artes, as massas adquirem visibilidade enquanto tais, corresponderia a essa aproximação?

Em primeiro lugar, talvez exista um equívoco a ser esclarecido quanto à noção de "artes mecânicas". Aproximei um paradigma científico de um paradigma *estético*. A tese benjaminiana, por sua vez, supõe outra coisa que me parece duvidosa: a dedução das propriedades estéticas e políticas de uma arte a partir de suas propriedades técnicas. As artes mecânicas induziriam, enquanto artes *mecânicas*, uma modificação de paradigma artístico e uma nova relação da arte com seus temas. Essa proposição remete a uma das teses mestras do modernismo:

a que vincula a diferença das artes à diferença de suas condições técnicas ou de seu suporte ou *medium* específico. Essa assimilação pode ser compreendida no modo modernista simples ou segundo a hipérbole modernitária. E o sucesso persistente das teses benjaminianas sobre a arte na era da reprodução mecânica se deve, sem dúvida, à passagem que asseguram entre as categorias da explicação materialista marxista e da ontologia heideggeriana, referindo o tempo da modernidade ao desdobramento da essência da técnica. De fato, esse vínculo entre o estético e o onto-tecnológico teve o destino comum das categorias modernistas. No tempo de Benjamin, de Duchamp ou de Rodchenko, ele acompanhou a fé nos poderes da eletricidade e da máquina, do ferro, vidro ou concreto. Com a reviravolta dita "pós-moderna", ele acompanha o retorno ao ícone, aquele que faz do véu de Verônica a essência da pintura, cinema ou fotografia.

É preciso, no meu entender, que se tome as coisas ao inverso. Para que as artes mecânicas possam dar visibilidade às massas ou, antes, ao indivíduo anônimo, precisam primeiro ser reconhecidas como artes. Isto é, devem primeiro ser praticadas e reconhecidas como outra coisa, e não como técnicas de reprodução e difusão. O mesmo princípio, portanto, confere visibilidade a *qualquer um* e faz com que a fotografia e o cinema possam ser artes. Pode-se até inverter a fórmula: porque o anônimo tornou-se um tema artístico, sua gravação pode ser uma arte. Que o anônimo seja não só capaz de tornar-se arte, mas também depositário de uma beleza específica, é algo que caracteriza propriamente o regime estético das artes. Este não só começou bem antes das artes da reprodução mecânica, como foi ele que, com sua nova maneira de pensar a arte e seus temas, tornou-as possível.

O regime estético das artes é, antes de tudo, a ruína do sistema da representação, isto é, de um sistema em que a dignidade dos temas comandava a hierarquia dos gêneros da representação (tragédia para os nobres, comédia para a plebe; pintura de história contra pintura de gênero etc). O sistema da representação definia, com os gêneros, as situações e formas de expressão que convinham à baixeza ou à elevação do tema. O regime estético das artes desfaz essa correlação entre tema e modo de representação. Tal revolução acontece primeiro na literatura. Que uma época e uma sociedade possam ser lidas nos traços, vestimentas ou gestos de um indivíduo qualquer (Balzac), que o esgoto seja revelador de uma civilização (Hugo), que a filha do fazendeiro e a mulher do banqueiro sejam capturadas pela mesma potência do estilo como "maneira absoluta de ver as coisas" (Flaubert), todas essas formas de anulação ou de subversão da oposição do alto e do baixo não apenas precedem os poderes da reprodução mecânica. Eles tornam possível que esta seja mais do que a reprodução mecânica. Para que um dado modo de fazer técnico — um uso das palavras ou da câmera — seja qualificado como pertencendo à arte, é preciso primeiramente que seu tema o seja. A fotografia não se constituiu como arte em razão de sua natureza técnica. O discurso sobre a originalidade da fotografia como arte "indicial" é um discurso bastante recente, que pertence menos à história da fotografia que à história da reviravolta pós-moderna evocada acima.[7] Também não foi imitando as maneiras da arte que a fotografia tornou-se arte. Benjamin mostra-o bem a propósito de David Octavius Hill: é através da pequena pescadora anônima de New Haven, e não de suas grandes composições picturais, que ele faz a fotografia entrar no mundo da arte. Também não foram os temas etéreos e os *flous* artísticos do pictorialismo que asseguraram o estatuto da arte fotográfica, mas sim a assunção do *qualquer um*: os emigrantes de *The Steerage* de Stieglitz, os retratos frontais de Paul Strand ou de Walker Evans. A revolução técnica vem depois da revolução estética. Mas a revolução estética é antes de tudo a glória do *qualquer um* — que é pictural e literária, antes de ser fotográfica ou cinematográfica.

Acrescentemos que ela pertence à ciência do escritor antes de pertencer à do historiador. Não foram o ci-

---

[7] A vocação polêmica antimodernista dessa descoberta tardia da "origem" da fotografia, calcada sobre o mito da invenção da pintura por Dibutade, aparece claramente, tanto em Roland Barthes (*A câmara clara*) como em Rosalind Krauss (*O fotográfico*).

nema e a fotografia que determinaram os temas e os modos de focalização da "nova história". São a nova ciência histórica e as artes da reprodução mecânica que se inscrevem na mesma lógica da revolução estética. Passar dos grandes acontecimentos e personagens à vida dos anônimos, identificar os sintomas de uma época, sociedade ou civilização nos detalhes ínfimos da vida ordinária, explicar a superfície pelas camadas subterrâneas e reconstituir mundos a partir de seus vestígios, é um programa literário, antes de ser científico. Não se trata apenas de compreender que a ciência histórica tem uma pré-história literária. A própria literatura se constitui como uma determinada sintomatologia da sociedade e contrapõe essa sintomatologia aos gritos e ficções da cena pública. No prefácio de *Cromwell*, Hugo reivindicava para a literatura uma história dos costumes que se opunha à história dos acontecimentos praticada pelos historiadores. Em *Guerra e paz*, Tolstói contrapunha os documentos da literatura, tirados das narrativas e testemunhos da ação de inumeráveis atores anônimos, aos documentos dos historiadores tirados dos arquivos — e das ficções — daqueles que acreditam comandar as batalhas e fazer a história. O conhecimento histórico integrou a oposição quando contrapôs à velha história dos príncipes, batalhas e tratados, fundada na crônica das cortes e relatórios diplomáticos, a história dos modos de vida das massas e dos ciclos da vida material, fundada na leitura e interpretação das "testemunhas mudas". O surgimento das massas na cena da história ou nas "novas" imagens não significa o vínculo entre a era das massas e a era da ciência e da técnica. Mas sim a lógica estética de um modo de visibilidade que, por um lado, revoga as escalas de grandeza da tradição representativa e, por outro, revoga o modelo oratório da palavra em proveito da leitura dos signos sobre os corpos das coisas, dos homens e das sociedades.

O conhecimento histórico é herdeiro disso. Mas ele separa a condição de seu novo objeto (a vida dos anônimos) de sua origem literária e da política da literatura em que se inscreve. O que ele deixa de lado — e que o cinema e a fotografia retomam — é a lógica que a tradição romanesca, de Balzac a Proust até o surrealismo, faz aparecer, esse pensamento do verdadeiro do qual Marx, Freud, Benjamin e a tradição do "pensamento crítico" são herdeiros: o banal torna-se belo como rastro do verdadeiro. E ele se torna rastro do verdadeiro se o arrancarmos de sua evidência para dele fazer um hieróglifo, uma figura mitológica ou fantasmagórica. Essa dimensão fantasmagórica do verdadeiro, que pertence ao regime estético das artes, teve um papel essencial na constituição do paradigma crítico das ciências humanas e sociais. A teoria marxista do fetichismo é seu testemunho mais fulgurante: é preciso extirpar a mercadoria de sua aparência trivial, transformá-la em objeto fantasmagórico, para que nela seja lida a expressão das contradições de uma sociedade. O conhecimento histórico entendeu fazer uma seleção no interior da configuração estético-política que lhe dá seu objeto. E aplaina essa fantasmagoria do verdadeiro nos conceitos sociológicos positivistas da mentalidade/expressão e da crença/ignorância.

4.
Se é preciso concluir que a história é ficção. Dos modos da ficção

O senhor se refere à ideia de ficção como essencialmente positiva. O que se deve entender exatamente por isso? Quais são os vínculos entre a História na qual estamos "embarcados" e as histórias contadas (ou desconstruídas) pelas artes narrativas? E como compreender que os enunciados poéticos ou literários "ganham corpo", que tenham efeitos reais, ao invés de serem reflexos do real? As ideias de "corpos políticos" ou de "corpos da comunidade" são mais do que metáforas? Essa reflexão implica uma redefinição da utopia?

Há dois problemas aí, alguns costumam confundi--los para melhor construir o fantasma de uma realidade histórica que seria feita apenas de "ficções". O primeiro problema concerne à relação entre história e historicidade, isto é, a relação do agente histórico com o ser falante. O segundo, concerne à ideia de ficção e à relação entre a racionalidade ficcional e os modos de explicação da realidade histórica e social, entre a razão das ficções e a razão dos fatos.

É melhor começar pelo segundo, a "positividade" da ficção analisada no texto a que você se refere.[8] Essa positividade implica, por si mesma, uma dupla questão: a questão geral da racionalidade da ficção, isto é, da distinção entre ficção e falsidade, e a questão da distinção — ou indistinção — entre os modos de inteligibilidade apropriados à construção de histórias e aqueles que servem à inteligência dos fenômenos históricos. Comecemos pelo começo. A separação da ideia de ficção da ideia de mentira define a especificidade do regime representativo das artes. Este autonomiza as formas das artes no que diz respeito à economia das ocupações comuns e à contraeconomia dos simulacros, própria ao regime ético das imagens. É precisamente o que está em jogo na *Poética* de Aristóteles. As formas da *mímesis* poética são aí subtraídas à suspeita platônica relativa à consistência e à destinação das imagens. A *Poética* proclama que a ordenação de ações do poema não significa a feitura de um simulacro. É um jogo de saber que se dá num espaço-tempo determinado. Fingir não é propor engodos, porém elaborar estruturas inteligíveis. A poesia não tem contas a prestar quanto à "verdade" daquilo que diz, porque, em seu princípio, não é feita de imagens ou enun-

---

[8] Jacques Rancière, "La fiction de mémoire: à propos du *Tombeau d'Alexandre* de Chris Marker", in *Trafic*, nº 29, Primavera 1999, pp. 36-47.

ciados, mas de ficções, isto é, de coordenações entre atos. Outra consequência tirada por Aristóteles é a da superioridade da poesia, que confere uma lógica causal a uma ordenação de acontecimentos, sobre a história, condenada a apresentar os acontecimentos segundo a desordem empírica deles. Dito de outro modo — e isso é evidentemente algo que os historiadores não gostam muito de olhar de perto —, a nítida separação entre realidade e ficção representa também a impossibilidade de uma racionalidade da história e de sua ciência.

A revolução estética redistribui o jogo tornando solidárias duas coisas: a indefinição das fronteiras entre a razão dos fatos e a razão das ficções *e* o novo modo de racionalidade da ciência histórica. Declarando que o princípio da poesia não é a ficção, mas um determinado arranjo dos signos da linguagem, a idade romântica torna indefinida a linha divisória que isolava a arte da jurisdição dos enunciados ou das imagens, bem como aquela que separava a razão dos fatos e a razão das histórias. Não que ela tenha, como se diz às vezes, consagrado o "autotelismo" da linguagem, separada da realidade. Muito pelo contrário. A idade romântica força de fato a linguagem a penetrar na materialidade dos traços através dos quais o mundo histórico e social se torna visível a si mesmo, ainda que sob a forma da linguagem muda das coisas e da linguagem cifrada das imagens. É a circulação nessa paisagem de signos que define a nova ficcionalidade: a nova maneira de contar histórias, que é, antes de mais nada, uma maneira de dar sentido ao universo "empírico" das ações obscuras e dos objetos banais. A ordenação ficcional deixa de ser o encadeamento causal aristotélico das ações "segundo a necessidade e a verossimilhança". Torna-se uma ordenação de signos. Todavia, essa ordenação literária de signos não é de forma alguma uma autorrreferencialidade solitária da linguagem. É a identificação dos modos da construção ficcional aos modos de uma leitura dos signos escritos na configuração de um lugar, um grupo, um muro, uma roupa, um rosto. É a assimilação das acelerações ou desacelerações da linguagem, de suas profusões de imagens ou alterações de tom, de todas suas diferenças de potencial entre o insignificante e o supersignificante, às modalidades da viagem pela paisagem dos traços significativos dispostos na topografia dos espaços, na fisiologia dos círculos sociais, na expressão silenciosa dos corpos. A "ficcionalidade" própria da era estética se desdobra assim entre dois polos: entre a potência de significação inerente às coisas mudas e a potencialização dos discursos e dos níveis de significação.

A soberania estética da literatura não é, portanto, o reino da ficção. É, ao contrário, um regime de indistinção tendencial entre a razão das ordenações descritivas e narrativas da ficção e as ordenações da descrição e interpretação dos fenômenos do mundo histórico e social.

Quando Balzac instala o leitor diante dos hieróglifos entrelaçados na fachada instável e heteróclita de *La maison du chat qui pelote*[9] ou o faz entrar, com o herói de *A pele de onagro*, na loja do antiquário onde se acumulam em desordem objetos profanos e sagrados, selvagens e civilizados, antigos e modernos, que resumem, cada um, um mundo; quando faz de Cuvier o verdadeiro poeta que reconstitui todo um mundo a partir de um fóssil, estabelece um regime de equivalência entre os signos do novo romance e os signos da descrição ou da interpretação dos fenômenos de uma civilização. Ele forja essa nova racionalidade do banal e do obscuro que se contrapõe às grandes ordenações aristotélicas e se tornará a nova racionalidade da história da vida material oposta às histórias dos grandes feitos e dos grandes personagens.

Assim se encontra revogada a linha divisória aristotélica entre duas "histórias" — a dos historiadores e a dos poetas —, a qual não separava somente a realidade e a ficção, mas também a sucessão empírica e a necessidade construída. Aristóteles fundava a superioridade da poesia, que conta "o que poderia suceder" segundo a necessidade ou a verossimilhança da ordenação das ações poéticas, sobre a história, concebida como sucessão em-

---

[9] Novela de Balzac, publicada pela primeira vez com esse título em junho de 1842, na edição Furne de *La comédie humaine* (*Scènes de la vie privée*, tomo I), onde aparece logo após o Prólogo. (N. da T.)

pírica dos acontecimentos, "do que sucedeu". A revolução estética transforma radicalmente as coisas: o testemunho e a ficção pertencem a um mesmo regime de sentido. De um lado, o "empírico" traz as marcas do verdadeiro sob a forma de rastros e vestígios. "O que sucedeu" remete pois diretamente a um regime de verdade, um regime de *mostração* de sua própria necessidade.[10] Do outro, "o que poderia suceder" não tem mais a forma autônoma e linear da ordenação de ações. A "história" poética, desde então, articula o realismo que nos mostra os rastos poéticos inscritos na realidade mesma e o artificialismo que monta máquinas de compreensão complexas.

Essa articulação passou da literatura para a nova arte da narrativa: o cinema. Este eleva a sua maior potência o duplo expediente da impressão muda que fala e da montagem que calcula as potências de significância e os valores de verdade. E o cinema documentário, o cinema que se dedica ao "real" é, neste sentido, capaz de uma invenção ficcional mais forte que o cinema de "ficção", que se dedica facilmente a certa estereotipia das ações e dos tipos característicos. *O túmulo de Alexandre* de Chris Marker, objeto do artigo ao qual vocês se referem, ficciona a história da Rússia do tempo dos tsares na época

---

[10] "Mostração", grifo nosso, no original: "*monstration*", neologismo do francês. (N. da T.)

do pós-comunismo através do destino de um cineasta, Alexandre Medvedkine. Não faz dele um personagem ficcional, não conta histórias inventadas sobre a URSS. Joga com a combinação de diferentes tipos de rastros (entrevistas, rostos significativos, documentos de arquivo, trechos de filmes documentários e de ficção etc.) para propor possibilidades de pensar essa história. O real precisa ser ficcionado para ser pensado. Essa proposição deve ser distinguida de todo discurso — positivo ou negativo — segundo o qual tudo seria "narrativa", com alternâncias entre "grandes" e "pequenas" narrativas. A noção de "narrativa" nos aprisiona nas oposições do real e do artifício em que se perdem igualmente positivistas e desconstrucionistas. Não se trata de dizer que tudo é ficção. Trata-se de constatar que a ficção da era estética definiu modelos de conexão entre apresentação dos fatos e formas de inteligibilidade que tornam indefinida a fronteira entre razão dos fatos e razão da ficção, e que esses modos de conexão foram retomados pelos historiadores e analistas da realidade social. Escrever a história e escrever histórias pertencem a um mesmo regime de verdade. Isso não tem nada a ver com nenhuma tese de realidade ou irrealidade das coisas. Em compensação, é claro que um modelo de fabricação de histórias está ligado a uma determinada ideia da história como destino comum, com uma ideia daqueles que "fazem história", e que essa interpenetração entre razão dos fatos e razão das histórias é própria de uma época em que qualquer um é considerado como cooperando com a tarefa de "fazer" a história. Não se trata pois de dizer que a "História" é feita apenas das histórias que nós nos contamos, mas simplesmente que a "razão das histórias" e as capacidades de agir como agentes históricos andam juntas. A política e a arte, tanto quanto os saberes, constroem "ficções", isto é, rearranjos *materiais* dos signos e das imagens, das relações entre o que se vê e o que se diz, entre o se faz e o que se pode fazer.

Reencontramos aqui a outra questão que se refere à relação entre literalidade e historicidade. Os enunciados políticos ou literários fazem efeito no real. Definem modelos de palavra ou de ação, mas também regimes de intensidade sensível. Traçam mapas do visível, trajetórias entre o visível e o dizível, relações entres modos do ser, modos do fazer e modos do dizer. Definem variações das intensidades sensíveis, das percepções e capacidades dos corpos. Assim se apropriam dos humanos *quaisquer*, cavam distâncias, abrem derivações, modificam as maneiras, as velocidades e os trajetos segundo os quais aderem a uma condição, reagem a situações, reconhecem suas imagens. Reconfiguram o mapa do sensível confundindo a funcionalidade dos gestos e dos ritmos adaptados aos ciclos naturais da produção, reprodução e submissão. O homem é um animal político porque é um animal literário, que se deixa desviar de sua destinação "natural" pelo poder das palavras. Essa *literalidade* é ao mesmo tempo a condição e o efeito da circulação dos enunciados literários "propriamente ditos". Mas os enunciados se apropriam dos corpos e os desviam de sua destinação na medida em que não são corpos no sentido de organismos, mas quase-corpos, blocos de palavras circulando sem pai legítimo que os acompanhe até um destinatário autorizado. Por isso não produzem corpos coletivos. Antes, porém, introduzem nos corpos coletivos imaginários linhas de fratura, de desincorporação. Como se sabe, isso sempre foi a obsessão dos governantes e dos teóricos do bom governo, preocupados com a "desclassificação" produzida pela circulação da escrita. É também, no século XIX, a obsessão dos escritores "propriamente ditos", que escrevem para denunciar essa literalidade que transborda a instituição da literatura e desvia suas produções. É verdade que a circulação desses quase-corpos determina modificações na percepção sensível do comum, da relação entre o comum da língua e a distribuição sensível dos espaços e ocupações. Desenham, assim, comunidades aleatórias que contribuem para a formação de coletivos de enunciação que repõem em questão a distribuição dos papéis, dos territórios e das linguagens — em resumo, desses sujeitos políticos que recolocam em causa a partilha já dada do sensível. Mas precisamente um coletivo político não é um organismo ou um corpo comunitário. As vias da subjetivação política não são as da identificação imaginária, mas as da desincorporação "literária".[11]

Não estou seguro de que a noção de utopia dê conta desse trabalho. É uma palavra cujas capacidades de definição foram completamente devoradas por suas propriedades conotativas: ora o louco devaneio levando à catástrofe totalitária, ora, ao inverso, a abertura infinita do possível que resiste a todas as oclusões totalizantes. Do ponto de vista que nos ocupa, o das reconfigurações do sensível comum, a palavra utopia carrega duas significações contraditórias. A utopia é o não-lugar, o ponto extremo de uma reconfiguração polêmica do sensível, que rompe com as categorias da evidência. Mas também é a configuração de um bom lugar, de uma partilha não polêmica do universo sensível, onde o que se faz, se vê e se diz se ajustam exatamente. As utopias e os socialismos utópicos funcionaram com base nessa ambiguidade: por um lado, como revogação das evidências sensíveis nas quais se enraíza a normalidade da dominação; por outro, como proposição de um estado de coisas no qual a ideia da comunidade encontraria suas formas adequadas de incorporação, no qual seria portanto suprimida a contes-

---

[11] Sobre esta questão, permito-me remeter a meu livro *Les Noms de l'histoire*, Paris, Le Seuil, 1992 [edição brasileira: *Os nomes da história: um ensaio de poética do saber*, tradução de Eduardo Guimarães e Eni Puccinelli Orlandi, São Paulo, Educ/Pontes, 1994].

tação a respeito das relações das palavras com as coisas, que constitui o núcleo da política. Em *A noite dos proletários*, eu havia analisado desse ponto de vista o encontro complexo entre os engenheiros da utopia e os operários.[12] O que os engenheiros saint-simonianos propunham era um novo corpo real da comunidade, no qual as vias fluviais e os trilhos traçados no chão tomariam o lugar das ilusões da palavra e do papel. O que os operários fazem não é opor a prática à utopia, mas devolver a esta última seu caráter de "irrealidade", de montagem de palavras e de imagens, próprio para reconfigurar o território do visível, do pensável e do possível. As "ficções" da arte e da política são, portanto, heterotopias mais do que utopias.

---

[12] Cf. Jacques Rancière, *A noite dos proletários: arquivos do sonho operário*, tradução de Marilda Pedreira, São Paulo, Companhia das Letras, 1988. (N. da T.)

5.
Da arte e do trabalho.
Em quê as práticas da arte
constituem e não constituem
uma exceção às outras práticas

Na hipótese de uma "fábrica do sensível", o vínculo entre a prática artística e sua aparente exterioridade, ou seja, o trabalho, é essencial. Como o senhor concebe esse vínculo (exclusão, distinção, indiferença...)? Pode-se falar do "agir humano" em geral e nele englobar as práticas artísticas, ou estas constituiriam uma exceção às outras práticas?

Pela noção de "fábrica do sensível", pode-se entender primeiramente a constituição de um mundo sensível comum, uma habitação comum, pelo entrelaçamento de uma pluralidade de atividades humanas. Mas a ideia de "partilha do sensível" implica algo mais. Um mundo "comum" não é nunca simplesmente o *ethos*, a estadia comum, que resulta da sedimentação de um determinado número de atos entrelaçados. É sempre uma distribuição polêmica das maneiras de ser e das "ocupações" num espaço de possíveis. A partir daí é que se pode colocar a questão da relação entre o "ordinário" do trabalho e a "excepcionalidade" artística. E aqui, mais uma vez, a referência platônica pode ajudar a colocar os termos do problema. No terceiro livro da *República*, o fazedor de *mímesis* é condenado não mais apenas pela falsidade e pelo caráter pernicioso das imagens que propõe, mas segundo um princípio de divisão do trabalho que já havia servido para excluir os artesãos de todo espaço político comum: o fazedor de *mímesis* é, por definição, um ser duplo. Ele faz duas coisas ao mesmo tempo, quando o princípio de uma sociedade bem organizada é que cada um faça apenas uma só coisa, aquela à qual sua "natureza" o destina. Em certo sentido, isso diz tudo: a ideia do trabalho não é a de uma atividade determinada ou a de um processo de transformação material. É a ideia de uma partilha do sensível: uma impossibilidade de fazer "outra coisa", fundada na "ausência de tempo". Essa "impossibilidade" faz parte da concepção incorporada da comunidade. Ela coloca o trabalho como encarceramento do trabalhador no espaço-tempo privado de sua ocupação, sua exclusão da participação ao comum. O fazedor de *mímesis* perturba essa partilha: ele é o homem do duplo, um trabalhador que faz duas coisas ao mesmo tempo. O mais importante talvez seja o correlato: o fazedor de *mímesis* confere ao princípio "privado" do trabalho uma cena pública. Ele constitui uma cena do comum com o que deveria determinar o confinamento de cada um ao seu lugar. É nessa re-partilha do sensível que consiste sua nocividade, mais ainda do que no perigo dos simulacros que amolecem as almas. Assim, a prática artística não é a exterioridade do trabalho, mas sua forma de visibilidade deslocada. A partilha democrática do sensível faz do trabalhador um ser duplo. Ela tira o artesão do "seu" lugar, o espaço doméstico do trabalho, e lhe dá o "tempo" de estar no espaço das discussões públicas e na identidade do cidadão deliberante. A duplicação mimética à obra no espaço teatral consagra e visualiza essa dualidade. E, do ponto de vista de Platão, a exclusão do fazedor de *mímesis* vai de par com a constituição de uma comunidade onde o trabalho está no "seu" lugar.

O princípio de ficção que rege o regime representativo da arte é uma maneira de estabilizar a exceção artística, de atribuí-la a uma *tekhne*, o que quer dizer duas coisas: a arte das imitações é uma técnica e não uma mentira. Ela deixa de ser um simulacro, mas cessa ao mesmo tempo de ser a visibilidade deslocada do trabalho como partilha do sensível. O imitador não é mais o ser duplo ao qual é preciso opor a *polis* onde cada um só faz uma coisa. A arte das imitações pode inscrever suas hierarquias e exclusões próprias na grande divisão entre artes liberais e artes mecânicas.

O regime estético das artes transforma radicalmente essa repartição dos espaços. Ele não recoloca em causa apenas a duplicação mimética em proveito de uma imanência do pensamento na matéria sensível. Coloca também em causa o estatuto neutralizado da *tekhne*, a ideia da técnica como imposição de uma forma de pensamento a uma matéria inerte. Isto é, faz vir à tona novamente a partilha das *ocupações* que sustenta a repartição dos domínios de atividade. É essa operação teórica e política que está no centro das *Cartas sobre a educação estética do homem* de Schiller. Na esteira da definição kantiana do julgamento estético como julgamento sem conceito — sem submissão do dado intuitivo à determinação conceitual —, Schiller assinala a partilha política, ou seja, o que está em jogo nessa operação: a partilha entre os que agem e os que suportam; entre as classes cultivadas, que têm acesso a uma totalização da experiência vivida, e as classes selvagens, afundadas nas fragmentações do trabalho e da experiência sensível. O estado "estético" de Schiller, suspendendo a oposição entre entendimento ativo e sensibilidade passiva, quer arruinar, com uma ideia da arte, uma ideia da sociedade fundada sobre a oposição entre os que pensam e decidem e os que são destinados aos trabalhos materiais.

Essa *suspensão* do valor negativo do trabalho tornou-se, no século XIX, a afirmação de seu valor positivo como forma da efetividade comum do pensamento e da comunidade. Tal mutação passou pela transformação da suspensão, própria ao "estado estético", em afirmação positiva da *vontade* estética. O romantismo proclama o devir-sensível de todo pensamento e o devir-pensamento de toda materialidade sensível como o objetivo mesmo da atividade do pensamento em geral. A arte, assim, torna-se outra vez um símbolo do trabalho. Ela antecipa o fim — a supressão das oposições — que o trabalho ainda não está em condições de conquistar por e para si mesmo. Mas o faz na medida em que é *produção*, identidade de um processo de efetuação material e de uma apresentação a si do sentido da comunidade. A produção se afirma como o princípio de uma nova partilha do sensível, na medida em que une num mesmo conceito os termos tradicionalmente opostos da atividade fabricante e da visibilidade. Fabricar queria dizer habitar o espaço-tempo privado e obscuro do trabalho alimentício. Produzir une ao ato de fabricar o de tornar visível, define uma nova relação entre o *fazer* e o *ver*. A arte antecipa o trabalho porque ela realiza o princípio dele: a transformação da matéria sensível em apresentação a si da comunidade. Os textos do jovem Marx que conferem ao trabalho o estatuto de essência genérica do homem só são possíveis sobre a base do programa estético do idealismo alemão: a arte como transformação do pensamento em experiência sensível da comunidade. E é esse programa inicial que funda o pensamento e a prática das "vanguardas" dos anos 1920: suprimir a arte enquanto atividade separada, devolvê-la ao trabalho, isto é, à vida que elabora seu próprio sentido.

Não pretendo dizer com isso que a valorização moderna do trabalho seja somente o efeito do novo modo de pensamento da arte. Por um lado, o modo *estético* do pensamento é bem mais do que um pensamento da arte. É uma ideia do pensamento, ligada a uma ideia da partilha do sensível. Por outro lado, também é preciso pensar o modo como a arte dos artistas foi definida a partir de uma dupla promoção do trabalho: a promoção econômica do trabalho como nome da atividade humana fundamental, mas também as lutas proletárias para fazer sair o trabalho da sua noite — de sua exclusão da visibilidade e da palavra comuns. É preciso sair do esquema preguiçoso e absurdo que opõe o culto estético da arte pela arte à potência ascendente do trabalho operário. É como trabalho que a arte pode adquirir o caráter de atividade exclusiva. Mais atentos do que os desmistificadores do século XX, os críticos contemporâneos de Flaubert assinalam o que vincula o culto da frase à valorização do trabalho dito sem frase: o esteta flaubertiano é um quebrador de pedras. Arte e produção poderão se identificar no tempo da Revolução Russa porque dependem de um mesmo princípio de repartição do sensível, de uma mesma virtude do ato que inaugura uma visibilidade ao mesmo tempo que fabrica objetos. O culto da arte supõe uma revalorização das capacidades ligadas à própria ideia de trabalho. Mas esta é menos a descoberta da essência da atividade humana do que uma recomposição da paisagem do visível, da relação entre o fazer, o ser, o ver e o dizer. Qualquer que seja a especificidade dos circuitos econômicos nos quais se inserem, as práticas artísticas não constituem "uma exceção" às outras práticas. Elas representam e reconfiguram as partilhas dessas atividades.

Sobre o autor

Nascido em Argel, em 1940, Jacques Rancière é Professor Emérito de Estética e Política da Universidade de Paris VIII — Vincennes/Saint-Denis, onde lecionou entre 1969 e 2000. Entre suas obras mais recentes, destacam-se *L'inconscient esthétique* (2001), *La fable cinématographique* (2001), *Le destin des images* (2003), *Les scènes du peuple* (2003), *Malaise dans l'esthétique* (2004), *La haine de la démocratie* (2005), *Le spectateur émancipé* (2008), *Moments politiques: interventions 1977-2009* (2009), *Aisthesis: scènes du régime esthétique de l'art* (2011), *Le fil perdu* (2014) e *Les temps modernes: art, temps, politique* (2018).

Tem os seguintes livros publicados no Brasil: *A noite dos proletários* (Companhia das Letras, 1988), *Os nomes da história* (Educ/Pontes, 1994), *Políticas da escrita* (Editora 34, 1995), *O desentendimento* (Editora 34, 1996), *O mestre ignorante* (Autêntica, 2004), *A partilha do sensível* (Editora 34, 2005), *O inconsciente estético* (Editora 34, 2009), *O destino das imagens* (Contraponto, 2012), *As distâncias do cinema* (Contraponto, 2012), *O espectador emancipado* (WMF Martins Fontes, 2012), *A fábula cinematográfica* (Papirus, 2013), *O ódio à democracia* (Boitempo, 2014), *O fio perdido* (Martins Fontes, 2017), *Figuras da história* (Editora Unesp, 2018), *O espaço das palavras: de Mallarmé a Broodthaers* (Relicário, 2020), *As margens da ficção* (Editora 34, 2021) e *Aisthesis: cenas do regime estético da arte* (Editora 34, 2021).

Este livro foi composto em Adobe Garamond e Imago
pela Bracher & Malta, com CTP da New Print e impressão da Graphium
em papel Pólen Bold 90 g/m² da Cia. Suzano de Papel e Celulose
para EXO experimental org./Editora 34, em março de 2023.